서울대학교 일본연구소
Reading Japan 26

'전쟁을 모르는 세대'는 어떻게 전쟁을 기억해야 하는가?

저 자: 미마키 세이코(三牧聖子)
역 자: 김 민(金 旻)

본 저서는 정부(교육과학기술부)의 재원으로 한국연구재단의 지원을 받아 출판되었음(NRF-2008-362-B00006).

서울대학교 Reading Japan 26

책을 내면서

　　서울대 일본연구소는 국내외 저명한 연구자와 다양한 분야의 전문가를 초청하여 각종 강연회와 연구회를 개최하고 있습니다. 〈리딩재팬〉은 그 성과를 정리하고 기록한 시리즈입니다.

　　〈리딩재팬〉은 현대 일본의 정치, 외교, 경영, 경제, 역사, 사회, 문화 등에 걸친 현재적 쟁점들을 글로벌한 문제의식 속에서 알기 쉽게 풀어내고자 노력합니다. 일본 연구의 다양한 주제를 확산시키고, 사회적 소통을 넓혀 나가는 자리에 〈리딩재팬〉이 함께하겠습니다.

서울대학교 일본연구소
Reading Japan 26

서울대학교 Reading Japan 26

차 례

| 책을 내면서 | ——————————————— 3

| 강연록 | '전쟁을 모르는 세대'는
　　　　　어떻게 전쟁을 기억해야 하는가? ——— 7
　1. 아시아 패러독스라는 상황　　　　　　　　　 9
　2. '위안부' 문제의 역사　　　　　　　　　　　　12
　3. 국제적 이슈로 부상한 '위안부' 문제　　　　 17
　4. 역사적 정의(Historical Justice)의 시대　　 21
　5. 범세계주의적인 기억으로의 이행　　　　　 27
　6. 피해자 주도의 화해　　　　　　　　　　　　31
　7. 미래를 위한 화해 – 청년들의 역할　　　　 34

| 토론문 | ————————————————— 37

| 講演錄 | 「戦争を知らない世代」は
　　　　　どう戦争を記憶すべきか ——————— 53

| 討論文 | ————————————————— 75

5

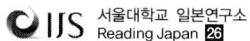

강연록

- 역사화해 문제와 관련하여 지금까지는 정부의 결정에만 지나치게 의존해왔다. 그러나 진정한 화해는 다양한 행위자들이 참여하는 다층적인 작업을 통해 이루어질 수 있는 것이지 결코 정부나 고위급 관료들만의 일이 아니며, 따라서 시민사회의 다양한 행위자들이 이 과정에 참여하여 촉매제 역할을 해야 한다.

강연록

'전쟁을 모르는 세대'는 어떻게 전쟁을 기억해야 하는가?

미마키 세이코
(三牧聖子)

1. 아시아 패러독스라는 상황

오늘날 동아시아 여러 국가들은 이른바 '아시아 패러독스'라 일컬어지는 상황에 직면하고 있다. 아시아 패러독스란 역사 문제나 영토 문제 등으로 인한 갈등과 서로에 대한 불신이 여전히 존재하는 국가들 간에 경제적인 상호 의존관계가 더욱 증대하는 현상을 말한다.

한편에서는 무역, 관광, 문화교류 등의 관계가 더욱 진전되고 있다. 일본정부관광국의 자료에 따르면 2017년에 일

본을 찾은 한국인 관광객은 7,140,200명(2016년 대비 40.3% 증가)에 달했다. 일본의 십대들 사이에서는 *한국이라면 무엇이든 좋아하는* 열풍이 불기도 했다. 인스타그램에서 '#한국인이 되고 싶어(韓国人になりたい)'란 해시태그의 히트 수가 7,000건을 기록한 것이나, '#한국을 좋아하는 사람과 소통하고 싶다(韓国好きな人とつながりたい)'란 해시태그가 360,000건의 히트 수를 기록한 것 등이 그 증거다. 2017년 6월 일본에 데뷔한 9인조 걸 그룹 트와이스(TWICE)는 데뷔 직후부터 일본 십대들 사이에서 큰 인기를 얻어, 매년 연말에 열리는 대표적인 음악 축제인 NHK의 '홍백가합전'에도 참가하였다.[1] 일본에서는 과거 2000년대에도 '한류(韓流)'라 불린 '한국 붐'이 한 차례 유행한 적이 있었다. 한국 정부는 1978년부터 1999년까지 일본 대중문화의 한국 유입을 금지했었는데, 막상 1999년에 이 금지가 풀리게 되자 일본의 대중문화만 일방적으로 한국 사회에 유입된 것이 아니라, 한국의 대중문화 역시 일본으로 전파되기 시작하였다. '한류'라 불린 이러한 문화의 물결은 한국 문화에 대한 학습 열기를

---

1) "From pop culture to fashion, rise of South Korea sees a marked influence on Japanese teenagers," *Rocketnews*, 24 December 11, 2017. https://en.rocketnews24.com/2017/12/11/from-pop-culture-to-ashion-rise-of-south-korea-seesa-marked-influence-on-japanese-teenagers/ 〈2018.3.3. 접속〉

불러일으켰다. 2004년 말 경에는 일본이 세계 최대의 한국 영화와 드라마 수입국으로 등극하여, 한국 영화 수출 규모의 약 70%를 일본이 차지할 정도였다.[2] 이와 같은 전대미문의 문화적 상호작용을 보며, 어떤 사람들은 한류가 한국인들과 일본인들 간의 상호 이해를 증진시키고 한일 관계를 발전시킬 것이라는 낙관론을 펴기도 하였다.

그러나 전시(戰時)의 역사가 거론될 때면, 두 나라의 상황은 전혀 달라진다. 한국과 일본의 외교 관계는 최근 몇 년간 '위안부' 문제를 둘러싸고 긴장상태가 가중되어 왔다. '위안부'란 제2차 세계대전 중 일본군에 대한 성적인 봉사를 강요당했던 젊은 여성들을 지칭하는 단어로, 이 여성들의 민족적, 국가적 배경은 다양하였지만 그 중 대다수는 한국인이었다. 2018년 2월 9일, 일본의 아베 수상은 평창 올림픽 개회식을 앞두고 한국의 문재인 대통령과 회담을 하였으나, 이 자리에서도 결국 '위안부'에 대한 양측의 인식이 결코 같지 않음이 드러났을 뿐이었다.

이와 같은 화해 실패에 대한 책임은 누구에게 있는 것일

---

[2] Millie Creighton, "Through the Korean Wave Looking Glass: Gender, Consumerism, Transnationalism, Tourism Reflecting Japan-Korea Relations in Global East Asia," *The Asia-Pacific Journal*, Vol. 14, Issue 7, No. 7, April 1, 2016 https://apjjf.org/2016/07/Creighton.html 〈2018.3.3. 접속〉

까? 정치인들일까? 우리와 같은 평범한 시민들은 화해를 촉진할 아무런 책임도 없는 것일까? 화해 문제와 관련하여 지금까지는 정부의 결정에만 지나치게 의존해왔다. 그러나 진정한 화해는 다양한 행위자들이 참여하는 다층적인 작업을 통해 이루어질 수 있는 것이지 결코 정부나 고위급 관료들만의 일이 아니며, 따라서 시민사회의 다양한 행위자들이 이 과정에 참여하여 촉매제 역할을 해야 한다. 본고에서는 사회적 행위자들의 적극적인 참여가 어떻게 '위안부' 문제에 새로운 역동성을 부여하였는지를 조명해 보고, 이를 통해서 역사화해(historical reconciliation)를 위해 우리가 어떠한 이해와 노력을 발전시켜 나가야 할지를 살펴보고자 하였다.

2. '위안부' 문제의 역사

전쟁이 끝난 지 한참 후에 태어난 우리들에게 왜 '위안부' 문제는 여전히 중요한 문제인 것일까? 오늘날 '위안부' 문제는 더 이상 가해자인 일본과 피해자인 한국이라는 양자 사이에만 국한된 문제가 아니다. 이 문제가 1990년대에 처음 가시화 된 이후, 점차 전 세계적으로 존재했던 다양한 고통의 역사 중 하나의 유형으로서 인식되고 공유되기 시작하였다.

비록 '위안부'의 존재 자체는 오래 전부터 알려져 있었지만, 1990년대에 이르러서야 '위안부' 문제가 일본 정부 차원의 책임 인정이 필요한 중대 전쟁범죄로 인식되기 시작하였다. 이른바 '도쿄재판'으로 널리 알려진, 1946년부터 1948년 사이에 진행된 극동국제군사재판에서는 일본 지도자들의 성폭력 혐의에 대한 처벌이 이루어지지 않았다. 뿐만 아니라 한국 정부나 일본 정부 그 어느 쪽도 14년 간(1952-1965)에 걸친 국교정상화 협상 과정에서 '위안부' 문제를 거론하지 않았다.

1990년대, 냉전 종식 이후 달라진 국제 사회의 분위기와 한국의 민주화 등은 시민사회 활동에 새로운 활력을 불어넣었고, 전시(戰時)에 자행된 일본의 잔혹행위에 다시금 주목하도록 만들었다. 1991년 가을, 김학순 할머니는 '위안부' 피해자 중 최초로 제2차 세계대전 당시 자신이 입은 피해를 대중 앞에서 증언하였다. 그리고 1991년 12월, 한일 양국 페미니스트 운동가들의 지원을 받아 '위안부' 피해자 3명이 일본 정부를 상대로 첫 소송을 제기하였다. 1993년에는 일본 정부가 서울에서 15명의 '위안부' 피해자들로부터 증언을 듣는 청문회를 실시했고, 이는 결국 당시 일본 관방장관이었던 고노 요헤이(河野洋平)의 역사적인 담화문 발표로 이어졌다. 이

담화문에서 고노 당시 관방장관은 제2차 세계대전 발발 전과 전쟁 중에, 일본군이 위안소의 설치에 관여했음을 인정하고 '위안부' 피해자들에게 사죄하였다. 1995년에는 사회당 출신의 무라야마 도모이치(村山富市)가 수상으로 있던 일본 정부가 식민지배와 침략에 대해서 "통절한 반성의 뜻"을 표명하고, 특히 '위안부' 피해 여성들에게 사죄하였다. 이후 민간의 기부와 정부의 지원으로 아시아여성기금을 조성하고 한국, 대만, 필리핀, 인도네시아, 네덜란드 등 각지에 아직 생존해 있는 피해자들에 대한 금전적 보상과 함께, 건강과 복지를 위한 지원 사업을 시작하였다.3)

그러나 이 문제는 2011년, 한국정신대문제대책협의회 측에서 서울에 소재한 일본 대사관 근처에 '위안부'를 상징하는 동상을 세우면서 다시 한 차례 불이 붙었다. 2015년 12월 28일, 한국과 일본은 해묵은 난제인 '위안부' 문제를 "최종적이고 불가역적으로" 해결한다는 데에 합의하였다. 합의 내용에는 피해자들과 그 가족들에게 보상하기 위해 일본이 한국에 10억 엔을 출연할 것과, 한국이 서울에 세워진 '위안부' 동상에 대한 일본의 우려를 인지하고 이 문제를 "적절히 해결"

---

3) 아시아여성기금의 목적, 연혁, 활동 등에 대해서는 공식 웹사이트에 상세하게 소개되어 있다. 자세한 내용은 http://www.awf.or.jp를 참조. 〈2018.3.3. 접속〉

하기 위해 노력할 것 등이 포함되었다.

'위안부' 동상에 대한 양국 정부의 합의 내용은 즉각적으로 '위안부' 피해자들을 돕는 지원자들의 분노를 불러일으켰다. 이들은 한국 정부에게는 민간에서 세운 동상을 치울 권한이 없으며, 앞으로도 새로운 '위안부' 동상들을 국내 곳곳에 설치해 나갈 것이라고 주장했다. 실제로 2016년 12월, 한국의 한 시민 단체는 한국 남부의 항구 도시인 부산의 일본 영사관 앞에 소녀상을 설치하였다. 이에 대해 일본은 2015년 '위안부' 문제에 대한 "최종적이고 불가역적인" 해결을 합의해 놓고도 이를 어긴 것이라고 비난하며, 항의의 표시로 나가미네 야스마사(長嶺安政) 주한일본대사를 본국으로 귀국시켰다.

2017년 5월 출범한 한국의 문재인 정부는 이전 정부에서 일본 정부와 '위안부' 문제에 대한 협상이 어떻게 진행되었는지를 재검토하기 위한 TF를 가동시켰다. 그리고 2017년 12월, 이 TF는 앞선 박근혜 정부가 일본과 합의를 도출하는 과정에서 '위안부' 피해자들의 의견을 충분히 반영하지 못했다는 비판을 담은 보고서를 발표했다. 또한 이 보고서에서는 일본 정부가 한국 정부로 하여금, 이 합의 내용을 받아들이지 않을 공산이 큰 피해자 지원 단체들을 설득하는 역할을 해달라고 요청을 했다는, 종래에 알려지지 않았던 세부 내용이 공개되었다. TF를 이끌었던 오태규 위원장은 "전시 여성 인권에 관한 국제사회의 규범으로 자리 잡은 피해자 중심 접근이 이번 위안부 협상과정에서 충분히 반영되지 않았다"고 주장했다. 일본의 고노 다로(河野太郎) 외무상은 즉각적으로 성명을 발표하여 합의에 이르는 과정에는 아무런 문제가 없었으며, 합의 내용을 계속해서 이행해야 한다고 주장했다. 또한 일본 정부는 서울의 일본 대사관과 부산 영사관 근처에 동상을 설치한 것은 외교관계에 관한 빈 협약 중 각 국가는 외교 공관의 존엄과 안녕을 위해 가능한 모든 조치를 취할 특별한 의무가 있다는 규정을 위반한 것이라면서 한국 정부에 동상을 이전해달라고 요청했다.

아베 수상은 평창에서 문재인 대통령과 '위안부' 문제에 대해서 논의한 후, 2015년의 합의는 두 국가 간의 약속이자 곧 양국 관계의 기반이라고 전제하면서 일본으로서는 '위안부' 합의를 재검토할 의향이 없음을 다시 한 번 밝혔다. 청와대의 김의겸 대변인은 브리핑을 통해, 문재인 대통령이 아베 수상을 만난 자리에서 피해자들의 마음의 상처는 정부 간 주고받기로 해결할 수 없다며 이 상처를 치유할 수 있도록 한일 양국은 노력을 계속해 나가야 한다고 이야기했다고 밝혔다.

2017년 7월, 한국 여성가족부의 새로운 수장으로 선출된 정현백 장관은 "전쟁이 가져다준 인권 침해"를 기억하고 환기할 수 있도록, 서울 시내에 일본군 위안소에 강제로 동원된 여성들을 위한 기념관을 건립할 것이라는 계획을 발표하며, 이른바 '위안부' 문제는 "더 이상 한일 간의 문제가 아니고 국제적 이슈"라고 덧붙였다.

3. 국제적 이슈로 부상한 '위안부' 문제

정현백 장관의 지적은 정확하다. 일본 정부의 인식이 여전히 '위안부' 문제는 한국과 일본 양국의 외교적 문제라는 수준에 머물고 있는 것에 반해, 이 문제는 점차 세계 곳곳에서 발생한 고통의 역사들 중 하나라는 인식이 널리 공유되기 시작했으며, 이미 양국 정부가 통제할 수 있는 수준을 넘어 버렸다.

1990년대 동아시아에서 '위안부'에 대한 관심이 환기되었을 때, 마침 세계적으로도 성폭력 문제에 대한 관점이 일변하고 있었다.[4] 강간이 중대한 인권침해이며 이른바 '인도

---

4) Seiko Mimaki, "Norm Dynamics and Reconciliation-Japan, US, and East Asia," in Phillip Tolliday, Maria Palme, Dong-Choon Kim (eds), *Asia-Pacific Between Conflict and Reconciliation* (Göttingen: Vandenhoeck & Ruprecht, 2016), pp.266-274.

(人道)에 반(反)한 죄(crime against humanity)'라는 인식은 비교적 최근에야 등장한 것이다. 1991년부터 2001년 사이, 유고슬라비아 사태에서 대규모의 성폭력이 자행되자, 국제 사회에서는 강간 방지를 위한 제도적 장치의 마련이 시급하다는 인식이 대두되었다. 1993년에 개최된 빈 세계인권대회, 1993년과 1994년에 설치된 전 유고슬라비아에 관한 국제형사재판소(ICTY)와 르완다에 관한 국제형사재판소(ICTR), 그리고 국제형사재판소에 관한 로마규정(1998) 등은 한 목소리로 강간 행위를 전쟁범죄이자 인도에 반한 죄라고 규탄했다. UN의 인권위원회도 전시 성노예 문제는 보편적 인권에 관련된 문제로서 오늘날에도 거의 모든 전장에서 발생하고 있으며, 그렇기 때문에 '위안부' 문제가 과거 문제로만 치부되어서는 안 된다고 강조하고 있다.

이처럼 국제적인 규범의 변화와 함께 전 세계 곳곳에 존재하지만 드러나지 않았던 강간 피해자들을 위한 역사적 정의(historical justice)의 실현 요구가 증가하자, 2011년 서울에서 처음 시작된 '위안부' 동상의 설치도 한국 내에서만 아니라 외국으로까지 확산되고 있으며 특히 지역의 활동가들이 이러한 작업을 지속해 나가고 있다. 2013년, 캘리포니아의 글렌데일(Glendale) 시의회는 서울에 세워진 동상의 복제품을 시내 공립공원에 세웠다. 뒤이어 뉴저지 주의 팰리세이즈

파크(Palisades Park)와 유니온 시티(Union City)를 비롯하여 미시간 주의 사우스필드(Southfield), 버지니아 주의 페어팍스 카운티(Fairfax County) 등 미국 곳곳의 도시들에서 추모 동상 설치가 이어졌다. 2017년 11월, 샌프란시스코의 시장 에드윈 리(Edwin Lee)가, 앞선 7월에 그 지역의 한 시민단체가 한국의 '위안부'를 상징하여 제작한 동상의 설치를 공식적으로 승인하는 서류에 서명을 함으로써, 샌프란시스코에는 미국의 주요 도시 중에서는 최초로 '위안부'를 위한 기념물이 설치되었다. 뿐만 아니라 '위안부' 동상은 캐나다와 오스트레일리아, 중국 등에도 세워졌다. 2016년 5월, 한국과 중국을 포함한 8개국의 시민 단체는 유네스코(UNESCO)에 전시 위안부 관련 기록물의 세계기록유산 등재를 공식적으로 신청하기도 했다. 단, 이 신청에 대해서 2017년 10월, 유네스코는 정치적으로 민감한 사안임을 이유로 검토 연기를 결정했다. 2016년 12월에는 대만의 성폭력 피해자들을 위한 기념관이 타이베이에서 개관하였다. 2017년 3월, '위안부' 동상이 유럽에서는 최초로 독일 남동부의 비젠트(Wiesent) 시에 세워졌다. 2017년 12월, '위안부'를 상징하는 동상이 필리핀에서는 처음으로 마닐라에 세워졌는데, 이 동상에는 "이 기념물은 1942년부터 1945년까지 일본의 강점 기간 동안 박해에 희생당한 필리핀 여성들을 추모하기 위해 세워졌다"는 문구가 새

겨져 있다.

지금까지 '위안부' 동상들은 대부분 일본군에 의한 성폭력 피해자들을 기리기 위해서 설치되었지만, 점차 다른 종류의 '위안부' 동상도 세워지고 있어서, 이 문제를 보다 보편적인 문제로 확장시키고 있다. 2016년 10월, 한베평화재단(Korean-Vietnamese Peace Foundation)은 베트남 전쟁 당시 한국군이 자행한 잔혹행위에 대한 사죄의 의미로 52건의 문서와 물건을 다낭 박물관에 기증하였는데, 이 중에서 가장 화제가 된 것이 바로 '베트남 피에타'로 불리는 조형물이었다. 이 조형물을 제작한 것은 한국인 조각가 김서경과 김은성으로, 이들은 전시(戰時)에 자행된 각종 잔혹행위들을 주제로 한 논쟁적인 예술 작품들을 제작해 온 것으로 유명하며, 이들의 대표 작품이 바로 한국은 물론 미국 곳곳에도 설치된 '위안부' 동상이다. 작가 중 한 명인 김서경 씨는, "일본의 평범한 시민들이 '위안부' 문제에 관심을 갖게 되면서 보다 많은 일본인들이 이 문제에 주목하게 된 것처럼, 우리도 한국인들이 어떤 피해를 주었는지, 실제 무슨 일이 있었는지를 알아보려는 노력을 시작해야 한다"고 말했다.[5] 2017년 4월,

---

5) Maclellan Swan, "A New Pieta For Peace: South Korea Apologizes to Vietnam: Perhaps Other Nations Can Learn From This Example," *Globalo*, September 4, 2016. http://www.globalo.com/new-pieta-

또 하나의 베트남 피에타가 '평화의 섬'이라 불리는 제주도의 강정 마을에 설치되었다. 이 조형물은 베트남 전쟁 기간 중 한국군에 의해 자행된 민간인 학살에서 비극적으로 희생당한 어머니들과 이름 모를 아이들의 영혼을 달래기 위한 기념물이다.6)

4. 역사적 정의(Historical Justice)의 시대

인권의 역사를 추적한 도발적인 저서로 유명한 사무엘 모인(Samuel Moyn)이 지적한 것처럼, 제2차 세계대전을 기념하는 수많은 기념물 중에서 실제로 무고한 희생자에 대해 언급하는 것은 매우 드물다.7) 오늘날 세계 곳곳에서 역사는 점차 대중의 논쟁거리가 되어가고 있다. 많은 사람들이 박물

---

for-peace-korea-vietnam/ 〈2018.3.3. 접속〉
6) "Vietnam Pieta: A Last Lullaby for Peace in Vietnam, on Jeju Island," *Hankyoreh*, April 27, 2017, http://english.hani.co.kr/arti/english_edition/e_international/792542.html 〈2018.3.3. 접속〉; "Historical Items Received from Korea as War Reconciliation Symbol," *Thoidai*, October 13, 2016. 〈2018.3.3. 접속〉
7) Samuel Moyn, "You Must Remember This: Do Our Memorials to The Dead Do More Harm Than Good?" *New Republic*, May 4, 2016. https://newrepublic.com/article/133017/must-remember-war-memorials-david-rieff 〈2018.3.3. 접속〉

관이나 동상 같은 기념물들이 잘 알려지지 않은 희생자들을 제대로 추모하고 있는지를 두고 격렬한 논쟁을 벌이고 있다. 또한 추모의 이면에 존재하는 인종주의적인, 혹은 제국주의적인 정치역학을 비판적으로 추궁하면서 인종주의 혹은 제국주의의 신념을 가진 인물들을 드높이거나 혹은 그러한 신념을 실행에 옮기는 행위가 이제는 공공의 장에서 사라져야 하며, 무고한 희생자들을 위한 기념관과 기념물들이 더 많이 세워져야 한다고 주장한다.

2015년 3월, '로즈는 내려와야 한다(Rhodes Must Fall)' 운동으로 알려진 저항 운동이 케이프타운 대학에서 시작되어 순식간에 남아프리카공화국의 여러 대학으로 번지고 급기야는 영국의 옥스퍼드 대학에까지 파급이 미쳤다. 이 운동이 요구하는 바는 영국 제국주의의 열렬한 신봉자이며 앵글로색슨의 인종적 우월성을 확신했던 영국인 정치가 세실 로즈(Cecil Rhodes)의 동상을 철거하는 것이었다. 결국 로즈의 동상은 케이프타운 대학에서는 철거되었지만, 옥스퍼드 대학에서는 로즈의 다면적인 행적에 대한 길고 긴 논쟁 끝에 동상을 존치하기로 하였다. 2016년 9월, 가나 대학에서는 약 1,000명의 사람들이 최근 설치된 마하트마 간디 동상의 철거를 요청하는 탄원서에 서명을 했는데, 이들은 간디가 아프리카인들에 대해서 인종차별주의적인 시각을 가지고 있었다는 의혹을 제기했다. 결국 간디의 동상은 철거되었다.

마침 미국에서도 일군의 프린스턴 대학 학생들이 우드로 윌슨 스쿨(Woodrow Wilson School)의 명칭을 변경해야 한다는 요구를 하고 나섰다. 우드로 윌슨 스쿨이라는 명칭은, 이 학교의 총장을 지냈으며 후에 미국 제28대 대통령으로 선출되기도 한 우드로 윌슨의 이름을 딴 것이다. 학생들은 우드로 윌슨이 연방정부의 관료들에 대해 인종차별주의적인 정책을 펼쳐서 흑인의 시민권 신장에 역행했음을 지적하고 나섰다. 비록 프린스턴 대학은 이 전직 대통령의 이름을 교내 시설 명칭으로 계속 사용하기로 결정하였지만, 과거의 불의에 대한 수정을 요구하는 이와 같은 움직임은 아이비리그의 다른 대학들로 번져나갔다. 2017년 2월, 예일 대학은 이 대학 출신자인 존 C. 칼훈(John C. Calhoun)의 이름을 땄던 칼훈 칼리지의 이름을 변경할 것이라고 공지하였다. 존 C. 칼훈은 19세기 중엽 미국 남부에서 활동한 저명한 지식인이자 정치 지도자로, 노예제를 적극적으로 옹호했던 인물이다. 예일 대학 총장인 피터 살로베리(Peter Salovery)는 이와 같은 결정을 내리게 된 배경을 설명하면서 "백인 우월주의자이며 노예제를 '절대선'으로 간주하고 열정적으로 옹호한 존 C. 칼훈의 행적은 예일 대학의 사명과 가치에는 부합하지 않는다"고 언급했다.

최근 유네스코는 역사 속에 존재하는 불의에 대한 공통의 이해를 촉진시키는 장으로서의 기능을 많이 수행하고 있다. 2015년, 유네스코는 난징 대학살 관련 기록물을 세계기록유산으로 등재시켰다. 세계기록유산 제도는 1992년에 시작되었는데, "세계적으로 중요하며 보편적으로 뛰어난 가치가 있는" 기록 유산을 보호하고 이에 대한 접근을 용이하게 하는 것을 목적으로 한다. 유네스코는 또한 노예의 길 프로젝트(Slave Route Project)처럼 과거의 불의에 대해 다루는 여러 프로젝트나 교육 프로그램들을 발족시켰다. 2017년, 브라질의 리우데자네이루의 중앙에 위치한 발롱고 부두의 고고학 유적지를 세계문화유산에 등재하였다. 이 지역은 19세기, 노예로 끌려온 사람들이 미 대륙과 카리브 해역으로 이송되는 노예무역의 주요 길목 중 하나였다. 유네스코는 이 유적이 '보편적으로 뛰어난 가치'가 있음을 인정한 것이다. 유네스코는 이 유적을 미 대륙에서 벌어진 충격적인 노예무역의 "가장 중요한 물리적 흔적"이라고 선언하고, 히로시마나 아우슈비츠와 마찬가지로 "인류 역사에서 잊혀서는 안 될 장소"로 규정하였다.[8] 또한 유네스코는 8월 23일을 세계노예무역철

---

8) "Promoting Rapprochement Through the Shared Heritage of the Slave Route," UNESCO website https://en.unesco.org/news/promoting-rapprochement-through-shared-heritage-slave-route 〈2018.3.3.

폐기념의 날로 지정하였는데, 이는 1791년에 현재의 아이티 (Haiti) 지역에서 일어났던 노예 봉기를 촉발시킨 보편적 자유에 대한 요구를 기억하고 또한 젊은 세대에게 이 역사를 가르치는 일의 중요성을 강조하기 위해서였다. 유네스코의 사무총장인 이리나 보코바(Irina Bokova)는 "모두가 노예무역이라는 범죄의 규모, 수백만 명의 부서진 삶, 그리고 오늘까지도 대륙의 운명에 끼치는 영향을 알아야 한다"고 강조했다. 그리고 오늘날의 현대적 노예제와 인신매매, 그 외에 현재 진행형의 사회적 불의와 인종주의, 인종차별 등을 지적하며, 1791년의 노예 봉기는 여전히 현재적 의의를 가진다고 언급했다.[9]

2005년, 나치의 강제수용소 해방 60주년을 맞이한 이 해

접속〉; "The Outstanding Universal Value of the «Valongo Wharf Archaeological Site," UNESCO website, July 27, 2017. http://www.unesco.org/new/en/social-and-human-sciences/themes/slaveroute/sv000/news/the_outstanding_universal_value_of_the_valongo_wharf_arch/ 〈2018.3.3. 접속〉

[9] "On Day of Remembrance, UN Says History of Slave Trade Can Help Combat Social Injustice," UN News Centre, August 23, 2017. http://www.un.org/apps/news/story.asp?NewsID=57398#.WkyK3iOKV8c 〈2018.3.3. 접속〉; "Worldwide Remembrance of The Slave Trade 'a Tribute to every victim' – Senior UNESCO Official" UN News Center, August 22, 2017. http://www.un.org/apps/news/story.asp?NewsID=57397#.WkyH6iOKV8c 〈2018.3.3. 접속〉

에 UN은 1월 27일을 국제 홀로코스트 희생자 추모의 날로 정하는 결의안을 채택하였다. 이 결의안은 또한 대량 학살의 재발을 막기 위해서 홀로코스트에 대한 교육 프로그램을 마련해야 한다는 요구도 담고 있다. 뿐만 아니라 홀로코스트가 실제로는 일어난 적이 없다는 주장에 대해 반박하는 내용도 담겼다. UN은 홀로코스트에서 살아남은 음악가들 또는 그 후손들의 연주회를 열거나, 홀로코스트에 영감을 받은 미술 작품을 전시하고, 홀로코스트를 조명한 영화를 상영하는 등의 이벤트를 주관하거나 지원하고 있다.[10] 2017년, UN은 인종주의, 반유대주의, 그밖에 모든 형태의 편견에 대한 비판적인 사고를 증진시키고 과거뿐만 아니라 현재에도 존재하는 도덕적 딜레마에 대해 숙고하게 하며, 인권을 옹호하고 지키는 시민의 역할에 대해 생각해볼 수 있는 기회를 제공하기 위해서 홀로코스트와 대량 학살에 관한 교육 정책 가이드라인을 발표하기도 하였다.[11]

---

[10] "The Holocaust and the United Nations Outreach Programme," United Nations website, November 1, 2005. http://www.un.org/en/holocaustremembrance/ 〈2018.3.3. 접속〉; "Education about the Holocaust and genocide" UNESCO website https://en.unesco.org/themes/holocaust-genocideeducation 〈2018.3.3. 접속〉

[11] "Education about the Holocaust and Preventing Genocide A Policy Guide," UNESCO Education Center http://unesdoc.unesco.org/images/0024/002480/248071E.pdf 〈2018.3.3. 접속〉

5. 범세계주의적인 기억으로의 이행

20세기 내내 전쟁은 국가의 이미지나 권력과 밀접한 관계가 있었으며, 전쟁 중에 발생한 죽음에 대한 기억은 국가에 의해 통제되어 왔다. 그 결과 국가와 국가 사이의 폭력에 의해 죽임을 당한 사람들에 비해서, 자국 혹은 자국민들이 자행한 대량 학살의 희생자들에 대한 관심은 상대적으로 저조하였다. 예를 들어 10년에 걸친 문화대혁명 기간 동안 수많은 인명이 불의의 죽음을 당했지만, 그들의 희생은 거의 언급되지 않았다. 그러나 21세기의 글로벌화 된 세계에서는 전쟁을 기억함에 있어서 보다 국제시민다운 자세를 취해야 하며, 같은 국민들의 손에 의해 자행된 대량 학살의 희생자들로까지 시야를 넓혀야 한다.

동아시아에서는 각 나라마다 자국민에 대하여 자행된 국가적 폭력이라는 큰 논쟁거리를 안고 있다. 중국의 경우, 중국 공산당 지도자들의 우려 속에 모택동의 대약진운동 정책이나 문화대혁명, 천안문 집회에 대한 폭력적 진압 등으로 발생한 참혹한 고통에 대해서 언급하기를 여전히 꺼리고 있다. 그러나 시민사회의 레벨에서는 지식인들이나 과거 홍위병으로 활동했던 사람들의 폭로가 등장하는 등 문화대혁명 기간 동안 자행한 행위에 대해서 비판적으로 성찰하는 시도가 나타나고 있어, 자기의 조국이 가해자로서 폭력을 자행한 역사에 대해서도 점차 조명이 이루어지고 있다.12)

한국 역시 같은 한국인들 사이에서 자행된 폭력에 대해서 입장이 극명하게 분열되는 과정을 경험했다. 2013년, '뉴라이트' 연구자들이 집필한 역사교과서가 교학사라는 출판사를 통해서 출판되었다. 이 교과서는 주류 역사학자들로부터 수많은 사실관계가 잘못 기술되어있다는 비판을 받았지만, 그럼에도 불구하고 정부의 검정을 통과했다. 이 역사교과서는 제2차 세계대전 이후 들어선 이승만, 박정희 등의 권위적인 군사정권이 이룩한 성취를 크게 강조하는 한편, 그 기간 동안 민주주의가 얼마나 억압되었는지에 대해서는 매우 제한적으로만 언급했다. 뿐만 아니라 1948년의 4.3 제주 학살 사건이나 1980년의 광주 학살 사건 등에 대해서도 시민의 저항을 '폭동'으로 기술하는 등 자국 시민에 대해 자행된 국가의 폭력을 정당화했다.13)

---

12) C. K. M. Chung, "Rethinking, Reflection, Repentance: Comparing "Coming to Terms with the Past,'" *Paper for The European Union Academic Programme Hong Kong*, December 2013, pp.1-23. http://europe.hkbu.edu.hk/euap/publication/Europe-China%20VgB%20paper%20draft_17dec2013.pdf
13) ""New Right" Textbooks Present a Distorted View of History," *Hankyoreh*, June 1, 2013, http://www.hani.co.kr/arti/english_edition/e_national/590046.html 〈2018.3.3. 접속〉; Steven Denney,

일본 역시 1945년 오키나와 전투를 둘러싸고 심각한 역사 갈등을 겪었다. 제2차 세계대전 중, 일본 영토 안에서 이처럼 많은 민간인이 관계되어 발생한 갈등 사례는 달리 찾아볼 수 없다. 이 사건에 대한 기술과 관련하여, 1982년 교과서 검정 과정에서 일본 문부성이 몇몇 출판사들에게 일본군이 오키나와의 민간인들에게 집단 자살을 명령했다고 쓴 부분을 수정할 것을 요청하면서 맹렬한 논쟁을 불러일으키게 되었다. 이 논쟁은 현재도 계속되고 있다. 2007년 5월, 문부성은 교과서 출판사들에게 일본의 황군(皇軍)이 오키나와 전투 중 민간인들에게 집단 자살을 하도록 명령했다는 내용을 삭제할 것을 지시했다. 문부성은 이러한 지시를 내린 배경에 대해, 일본군이 정말로 집단 자살을 강요했는지 사실 확인이 이루어지지 않았다고 설명했지만 이러한 정부의 조치는 즉각 오키나와 사람들뿐만 아니라 오키나와의 수난을 지켜본 외부의 사람들로부터도 강경한 비판을 불러일으켰다.

최근 오키나와 사람들은 더욱 적극적으로 자신들이 과거에 겪었고 오늘날에도 지속되고 있는 고난에 대해 국제사회에 알리고 세계인들의 공감을 얻기 위한 노력을 하고 있

"South Korea's Other History War," Diplomat, October 16, 2015. http://thediplomat.com/2015/10/south-koreas-other-history-war/ 〈2018.3.3. 접속〉

다.14) 오키나와 지역의 유력지인 류큐신보는 문부성의 교과서 검정 작업을 지속적으로 모니터링하고 있다. 또한 2014년에는 전쟁 당시에 대한 오키나와 사람들의 증언을 수록한 *Descent into Hell: Civilian Memories of the Battle of Okinawa*을 출판하기도 하였다. 2015년 봄, 류큐신보는 8종의 일본 역사교과서 중 7종이 오키나와 전투 중에 발생한 '집단 자살'에 대해서 언급을 하였지만, '강제된 자살'을 언급한 교과서는 단 한 종도 없다는 사실을 보도하기도 했다.15) 2015년 오키나와 현의 지사인 오나가 다케시(翁長雄志)는 제네바에서 열린 UN 인권위원회 회의에서의 연설에서, 역사적으로 오키나와 사람들의 권리와 자기결정권, 인권은 무시되어 왔으며, 국제사회는 미국이 지역민들의 의사에 반하여 기지를 확장한 헤노코(辺野古)의 사태에 관심을 기울여야 한다고 역설했다.

---

14) Norimitsu Onishi, "Japan's Textbooks Reflect Revised History," *International New York Times*, April 1, 2007. http://www.nytimes.com/2007/04/01/world/asia/01japan.html?_r=0; Linda Sieg, "Historians Battle over Okinawa WWII Mass Suicides," *Reuters*, April 6, 2007. https://www.reuters.com/article/us-japan-history-okinawa/historians-battle-over-okinawa-ww2-mass-suicidesidUST29175620070406.

15) "None of the Textbooks Selected for Junior High Schools Referred to 'Forcible Suicide,'" *Ryūkyū Shimpō*, April 7, 2015. (일본어 기사).

6. 피해자 주도의 화해

동아시아의 역사 문제에 관하여, 그 책임이 일차적으로 가해국이었던 일본에 있음은 분명한 사실이다. 그러나 화해의 작업은 본질적으로 적대적인 관계에 있는 양자 간의 상호적 행위다.

전후 독일이 주변국과의 화해를 위해 추진한 정책에 대해 심도 있는 연구를 진행한 것으로 유명한 릴리 가드너 펠드만(Lily Gardner Feldman)은 화해를 앞당기는 데에 있어서 가해자만이 아니라 피해자 역시도 주도적인 입장에 설 수 있음을 강조하며, 피해자들이 화해에 대해 관대하고 개방적인 자세를 취할 필요가 있다고 역설한다.[16] 독일의 사례를 살펴보면 프랑스의 로베르 쉬망(Robert Schuman)이나 체코슬로바키아의 바츨라프 하벨(Vaclav Havel) 같은 피해국의 정치

---

16) Lily Gardner-Feldman, *Germany's Foreign Policy of Reconciliation: From Enmity to Amity* (Rowman &Littlefield Publishers, 2012). Feldman, "German-Polish Reconciliation in Comparative Perspective: Lessons for Japan?" *The Asia-Pacific Journal*, 16-1-10, April 19, 2010. https://apjjf.org/-Lily-Gardner-Feldman/3344/article.html; Feldman, "Other Nations Could Learn from Germany's Efforts to Reconcile after WWII," *Johns Hopkins Magazine* (Summer 2015) https://hub.jhu.edu/magazine/2015/summer/germany-japan-reconciliation/ 〈2018.3.3. 접속〉

지도자들뿐만 아니라, 시민사회의 운동가들도 화해 무드 조성에 기여했다. 가령 폴란드와 독일의 화해는, 가해국이 주도한 것이 아니라 오히려 피해국이 주도했다. 1965년, 독일 국민들에 대한 증오의 감정이 여전히 폴란드인들 사이에서 광범하게 공유되고 있을 당시, 폴란드의 가톨릭 주교들은 폴란드와 독일 사이의 평화로운 관계를 안정시키기는 유일한 방법은 화해밖에는 없다는 확신을 가지고 독일 주교들을 향하여 "우리는 용서하며 동시에 용서를 구합니다"라는 메시지를 전달한 것이다. 이러한 주교들의 행동에 공감한 언론이 지원에 나섰고, 곧 시민사회가 공개적으로 자신들이 겪은 과거에 대해 이야기할 수 있는 공공의 장이 마련되었을 뿐만 아니라 국가 지도자들에게까지도 영향을 미쳤다.[17] 독일의 이와 같은 사례는 어려운 상황 속에서도 교착 상태를 풀고 화해를 진전시켜 나가는 데에 있어 피해자들의 능동적인 참여가 얼마나 중요한지를 일깨워준다.

'위안부' 문제에 있어서도 피해자들은 이미 자신들의 숙원을 해결하는 수준을 넘어서서 국제적인 정의의 실천을 모색하기 위한 적극적인 행동에 나서고 있다. 한국의 광복 70

---

17) Seunghoon Emilia Heo, "Who Can Lead the Change?" AICGS Website, December 10, 2012. http://www.aicgs.org/publication/who-can-lead-the-change/ 〈2018.3.3. 접속〉

주년이자 한국의 베트남 파병 50주년을 맞이한 해인 2015년의 4월 4일, 경기도 광주시에 위치한 나눔의 집에서 87세의 일본군 '위안부' 피해자 유희남 할머니가 베트남 전쟁 중 자행된 민간인 학살에서 살아남은 생존자들을 만났다. 유희남 할머니는 "한국 군인들이 베트남에서 그와 같은 일을 저질렀다니 충격적이다. 그들을 대신해서 사과하고 싶다", "전쟁 피해자의 괴로움과 슬픔을 진정으로 이해할 수 있는 사람은 별로 없다. 같은 피해자로 만나니 정말 반갑다. 우리는 구사일생으로 살아난 같은 운명이니, 열심히 살아보자"고 말했다. 이 당시 베트남 전쟁의 피해자인 응우옌떤런과 응우옌티탄, 그리고 호찌민 시의 전쟁증적 박물관장인 후인응옥번은 '하나의 전쟁, 두 개의 기억'이라는 제목으로 기획된 사진전 개막식에 참여하기 위해서 한국을 방문 중이었다. 이 사진전은 일본의 강점에서 해방된 한국의 광복 70주년과 베트남 전쟁 종전 40주년을 기념하여 기획된 것이었다. 개막식에서는 나눔의 집에서 찾아 온 '위안부' 피해자 7명과 3명의 베트남 여성이 이미 돌아가신 '위안부' 피해자를 위한 추모비에 헌화하였다.[18] 이 경우에서 볼 수 있는 것처럼, 피해의 기억이 반드

---

[18] "Comfort Women and Vietnam War Survivors Pledge," *Hankyoreh*, April 6, 2015. http://english.hani.co.kr/arti/english_edition/e_national/685637.html 〈2018.3.3. 접속〉

시 끊임없는 증오와 분노로 점철되는 것만은 아니다. 수난의 경험은 타자의 고통에 공감할 수 있는 능력을 주기도 하는 것이다.

그러나 베트남 전쟁 피해자가 방문할 것이라는 소식이 전해지자 한국의 고엽제전우회(KAOVA) 측은 즉각 거세게 반발하였다. 이들은 예정된 사진 전시회가 고엽제 피해를 당한 베트남전 참전용사들을 모욕하는 것이라고 비판하며, 약 300명 정도가 모여 사진 전시회의 환영 행사를 저지하기 위해 시위를 벌였다. 결국 행사는 참전용사들의 거센 반발을 우려하여 취소되고 말았다.[19]

7. 미래를 위한 화해 - 청년들의 역할

동아시아에서 '역사문제'를 둘러싼 논의는 대체로 국가 간의 '전투'와 같은 양상으로 전개되어 왔다. 우리는 이제 전쟁의 무고한 희생자들을 기억하고 이들이 겪은 비극을 인류 보편의 것으로 승화시키기 위해서 함께 어떤 노력을 기울일

---

[19] "Threats of Violence from Veterans Groups derail Vietnam War Event," *Hankyoreh*, April 8, 2015. http://english.hani.co.kr/arti/english_edition/e_national/685986.html 〈2018.3.3. 접속〉

수 있을 것인지에 대해 보다 유화적인 대화를 시작해야 한다. 그리고 이러한 미래지향적인 노력에서 중추적인 역할을 담당해야 하는 것은 바로 청년들이다.

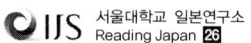

토론문

- 만약 우리들이 역사를 잊어버리고 만다면, 역사가 정치적으로 이용되거나 사실에 근거하지 않은 주장을 펼치는 사람들이 나타났을 때, 이에 대해서 비판하거나 반론을 할 수 없게 될 것입니다. 전쟁이 끝난 지도 수 십년이 지났으니, 이제는 청년들이 어느 정도 거리감을 가지고 냉정하게 그 당시의 일들에 대해 논의할 수 있을 것입니다. 여러분 세대가 가진 새롭고 글로벌한 감각으로 역사화해 문제를 고민해주었으면 하는 기대를 가지고 있고, 여러분들이라면 분명 역사화해를 위해서 긍정적인 에너지를 발휘해 주실 것이라고 믿습니다.

토론문

서울대학교 정치외교학과 석사과정 이민정: 사실 토론을 맡게 된 후 저는 어떤 이야기를 할 수 있을지 상당히 많은 고민을 했습니다. 하지만 '대화'라는 오늘 세미나의 주제를 떠올리며 "어찌 되었든 마음을 열고 솔직히 이야기하는 것이 제일이다"라는 생각을 하게 되었습니다. 미마키 선생님의 발표문을 읽고 또 발표를 직접 들으며 저는 우선 기뻤고, 또한 즐거웠습니다. 눈앞에 놓인 과제로 마음은 무거워졌습니다만, 머리는 맑아지는 기분이었습니다. 한일의 역사문제와 같이 해결의 길은 멀고 어둡고 아픈 기억들로 가득한 분야에 관심을 가지고 공부하다 보면 그 과정에서 만나는 한 사람 한 사람이 어째서인지 같은 고민을 나눌 수 있는 사람들인 것만 같아 진심으로 기쁘게 생각됩니다.

미마키 선생님은 이번 발표에서 '위안부' 문제라는 사례를 통해 역사문제를 둘러싼 화해의 프로세스에서 국가만이 아니라 시민사회 또는 시민 역시 역할과 책임을 지고 있는 또 하나의 주체임을 밝히고, 국가의 기억과는 다른 시민사회의 증언에 주목함으로써 피해자가 주도하는 화해의 가능성을 제시하셨습니다. 저는 우선 미마키 선생님의 발표 중에서 제가 공감하고 동의한 부분을 말씀드리고, 각 주장에서 연결되는 질문을 드리고자 합니다.

먼저 "화해란 다층적이다"라는 말씀을 해주셨습니다. 다층적이라는 말은 화해를 주도하는 주체가 하나의 레벨에만 있는 것이 아니라는 의미이며, 좀 더 나아가 화해라는 것 자체가 여러 레벨에서 이루어져야 한다는 것을 의미합니다. 저 또한 이러한 주장에 동의합니다. 그리고 역사를 서술(historical narrative)하거나 혹은 전쟁을 기억(commemoration)하는 작업이 국가 수준에서뿐만이 아니라 시민 수준에서도 활발하게 진행되어왔으며 상호 영향을 주는 공동의 작업으로 진행되고 있다는 점에도 공감합니다. 하지만 시민 수준에서 기억하는 방법 또는 서술 방법이라는 것이 어떠한 형태를 하고 있으며, 어떤 조건이 갖추어져야

형성될 수 있는 것인지 아직 명확하지 않다고 생각합니다. 이에 더하여 증언과 경험을 토대로 서술되는 시민사회의 역사는 "물적 증거가 없이는 인정할 수 없다"는 정부의 입장과는 어떻게 절충될 수 있을지, 이 또한 매우 어려운 문제라고 생각합니다.

두 번째로는 화해란 일방적인 것이 아니라 상호적인 과정이며 화해를 진행하는 데 희생자 측이 주도적으로 움직일 수 있다는 말씀을 해주셨습니다. 개인적으로 이 부분에 크게 공감했습니다. 예를 들어 제가 성의를 보이고자 한 행동도 상대방이 이를 바라지 않았을 경우 그것은 성의가 아니게 됩니다. 같은 원리가 화해의 과정에서도 적용된다고 생각합니다. 하지만 실제로 희생자가 주도권을 가지고 화해를 진행하기에는 좀 더 여러 가지의 조건이 먼저 갖추어질 필요가 있다고 생각합니다. 예를 들어 피해자의 목소리와 아픔에 공감하고 협력하는 미디어, 공론화할 수 있는 논의의 장 등이 그런 조건에 해당하지 않을까 싶습니다.

이제부터는 질문을 드리고자 합니다. 저도 아직 답을 할 수 없는 질문이 더 많습니다만, 앞으로 함께 생각해볼 수 있지 않을까 싶습니다.

첫 번째는 화해를 진행하는 것이 누구의 책임인가 하

는 질문입니다. 발표에서는 이 질문에 대해 이미 "정부만이 아니라 시민사회 또한 화해를 진행할 수 있는 주체이며, 가해자가 아닌 피해자 또한 주도적인 역할을 할 수 있다"는 답을 제시해 주셨다고 이해하고 있습니다. 하지만 이 질문은 좀 더 큰 물음을 던지고 있는 듯합니다. 왜냐하면 화해의 대상이 '누구'인지, 그 '책임'이란 무엇인지, 우리는 아직 정확한 답을 찾아내지 못하고 있는지도 모른다는 생각이 들기 때문입니다. 일본군 '위안부' 문제를 보면, 대부분은 조선 또는 대만과 같은 일본제국의 식민지로부터 가난한 여성들이 끌려갔고 또 그 중에서 살아 돌아온 여성들은 다시 침묵을 강요당해야만 했던, 식민지와 제국, 여성과 남성, 빈부와 계급의 문제가 뒤얽힌 복잡한 문제입니다. 그리고 무엇보다도 국가가 동원하고 그 피해 사실을 알면서도 침묵했던 국가범죄이기도 합니다. 심지어 일본군 '위안부' 문제에 대한 해결이 시도되는 과정에서 피해자들은 2차 피해를 감당해야 했고, 관계자들 또한 누구라 할 것 없이 마음에 상처를 입어야만 했습니다. 이렇듯 구조적인 강제와 직접적인 폭력이 복잡하게 얽힌 상황에서 '누구'를 가해자 그리고 피해자로 볼 것인지, 그 답에 따라 화해의 대상은 바

뀌게 됩니다. 그리고 화해의 '책임'을 논하는 것과 함께 피해자 측이 준비하고 있던 화해란 무엇이었는지, 그것은 미마키 선생님의 발표 중에 있었듯 용서를 기반으로 한 화해였는지, 그때나 지금이나 피해자분들은 상대를 용서할 준비가 되어 있는지, 한 번 더 고민해볼 필요가 있다고 생각합니다. 안타깝게도 우리는 여전히 이 질문의 깊이와 복잡함에 대하여 충분히 이해하지 못하고 있는지도 모르겠습니다.

두 번째는 이러한 화해의 과정에서 전쟁을 모르는 세대에게 부여된 역할에 관한 질문입니다. 앞으로 정의를 구현하는 시대(Age of Redress)를 이루어 나가기 위해서 다음 세대가 중요하다는 것은 쉽게 이해할 수 있습니다. 하지만 미마키 선생님께서 이 세대에 주목하는 이유가 전쟁을 모르기 때문인지, 다음 세대이기 때문인지, 조금 더 구체적인 의견을 듣고자 합니다. 그리고 이어지는 질문입니다만, 저는 반대로 세대별로 전쟁에 관한 경험에 차이가 있는 것이 역사문제에 대한 국내 갈등을 심화시키는 요인은 아닌지 생각한 적이 있습니다. 역사문제만이 아니라, 여러 사회문제에 대한 세대 간 갈등은 심각한 수준입니다. 그러므로 어떻게 하면 전쟁을 모르는 것이 긍정적인 효과를 발휘할 수 있을지 논의해볼 필요가 있다고 생각합니다. 얼마 전 우연히 친구들과 만나 우리 세대의 의무에 관하여 이야기한 적이 있습니다. 우리는 분명 이전 세대와는 또 다른 의무를 지고 있다는 이야기를 나누면서도 이러한 사고방식이 우리 세대 안에서 공유되고 있는지, 그리고 무엇보다 공유하기 위한 장치가 마련되어 있는지 의구심이 들었습니다. 간혹 젊은이들 사이에서 이렇듯 진지한 이야기를 하면 '진지충'이라는 말과 함께 모든 일을 심각하게 받아들이고 인생을 즐기지 못하는 사람이라고 놀림 받고는 합니다. 이것 또한 전쟁을 모르는 세대의 특징 중 하나인지도 모르겠습니다.

세 번째로 미마키 선생님께서는 1995년 아시아여성기금(정식명칭: 여성을 위한 아시아평화국민기금)을 어떻게 평가하시는지 하는지 여쭙고자 합니다. 제 개인적인 의견입니다만, 1995년 아시아여성기금의 문제점은 그 형태에 있었다기보다도 아시아여성기금에 담긴 '해결'의 의미, 일본군 '위안부' 문제를 대하는 사고방식에 있었던 것이 아닌가 생각합니다. 사죄의 책임은 정부에만 있는 것이 아니라는 논리를 따른다면 민간기금과 정부자금이 합쳐진 형태로 기금이 구성

된 것은 그 나름의 의미가 있다고 생각합니다. 하지만 아시아여성기금을 통해서 이루고자 했던 '위안부' 문제의 '해결'이란 것이 결국 가해자가 피해자에 대하여 다해야 할 의무를 수행한 후 이로부터 '해방'되고자 한 것이 아니었는지요. 즉 '위안부' 문제를 문자 그대로 없애야 할 문제(problem)로 본 것이 가장 큰 문제점이었다고 생각합니다. '위안부' 문제는 전쟁 중에 일어난 중대한 인권침해의 문제로서 잊어서는 안 되는 역사의 일부분이 되었습니다. 그래서 이를 해결하고 제거해야만 하는 문제(problem)가 아니라, 계속 생각하고, 논의하고, 기억해 나가야 할 문제(question)라는 것을 인식할 필요가 있다고 생각합니다.

마지막으로 '역사적 정의를 추구하는 시대(Age of Historical Justice)'라는 국제사회의 변화가 구체적으로 국내에서는 정치적, 사회적으로 어느 정도의 변화를 가져올 수 있는지 여쭙고자 합니다. 개인적인 흥미 분야이다 보니 마지막으로 질문을 포함시켜보았습니다. 긴 이야기를 들어주셔서 감사합니다.

서울대학교 일본연구소 교수 남기정: 토론자께서 크게 4가지 질문을 해주셨습니다. 이에 대한 미마키 선생님의 답변을 부탁드리겠습니다.

미마키 세이코: 서로가 진솔한 대화를 나누는 오늘 같은 자리에 딱 어울리는 매우 본질적인 문제를 제기해 주셨습니다. 이에 대해서는 저의 생각을 말씀드리기보다도 오히려 여러분 모두의 의견을 들어보고 싶습니다만, 일단은 간단하게 저의 답변을 말씀드리도록 하겠습니다.

먼저 시민의 역할에 대해서 말씀드리겠습니다. 오늘 이 자리에서는 '정부' 대 '시민'이라는 구도를 전제하고 시민 쪽에 거는 기대와 희망에 대해 말씀드렸습니다. 그러나 시민이라고 해서 항상 협조나 화해를 지향하는 것은 아닙니다. 최근 정치학 분야에서는 '나쁜 시민사회(bad civil society)'라는 문제가 제기되고 있습니다. 소셜네트워크에도 플러스와 마이너스의 양측면이 있는 것처럼 시민의 연대(連帶) 역시 범세계시민적인(cosmopoltain), 또 초국가적인(transnational) 방향으로 발휘되는 경우가 있는가 하면 배외적(排外的)이고 국가주의적인(nationalistic) 방향으로 향하는 경우도 있다는 것입니다. 유감스럽지만 일본에도 매우 적극적으로 활동하고 있는 배외주의단체가 있고,

이들은 역사수정주의적인 인식을 퍼뜨리고 있습니다. 이와 같은 역사수정주의적인 움직임에 대해서는 시민간의 초국가적인 연대를 통해서 대처해 나갈 필요가 있다고 생각합니다.

다음으로 청년들의 역할에 대해서 말씀드리겠습니다. 저는 오늘 강연을 그룹 트와이스(TWICE)나 문화교류에 관한 이야기로 시작을 했습니다. 솔직히 말씀드려서 역사문제 같은 것보다 연예나 문화에 대해서 이야기하는 쪽이 더 즐겁다는 그 마음을 충분히 이해합니다. 또 '위안부' 문제 같은 어려운 문제를 오늘처럼 원만한 분위기 속에서 이야기할 수 있는 기회가 자주 있다면 모를까 그렇지 않다는 사실도 잘 알고 있습니다. 그래서 대화를 시도해보기보다는 차라리 잊어버리는 편이 낫다고 생각하게 되는 것도 이해가 됩니다. 하지만 만약 우리들이 잊어버리고 만다면, 역사가 정치적으로 이용되거나 사실에 근거하지 않은 주장을 펼치는 사람들이 나타났을 때, 이에 대해서 비판하거나 반론을 할 수 없게 될 것입니다. 전쟁이 끝난 지도 수 십년이 지났으니, 이제는 청년들이 어느 정도 거리감을 가지고 냉정하게 그 당시의 일들에 대해 논의할 수 있을 것입니다. 역시 역사를 잊지 않는 것, 대화를 거듭하는 것이 중요하지 않을까 생각합니다.

저는 미국의 정치·외교를 연구하고 있으므로 잠깐 미국의 예를 말씀드릴까 합니다. 지금 미국에서는 밀레니엄세대라는, 딱 여러분 정도의 세대가 매우 주목을 받고 있습니다. 분명 최근 미국 대선에서는 트럼프 대통령이 승리했습니다. 하지만 밀레니엄세대들 중에는 리버럴한 가치관을 가진 사람들이 많아서, 이들의 투표결과만 놓고 본다면 트럼프 대통령이 패배했습니다. 여러분들은 글로벌화가 당연하게 받아들여지는 세상에서 태어났기 때문에 "이번 방학 때는 일본에 가볼까? 아니면 미국에 가볼까?"하고 생각할 만큼 다른 나라를 가깝게 느끼고 있습니다. 물론 나이든 사람들은 다 보수적이고 청년들은 리버럴하다는 것은 아닙니다. 그 반대의 경우도 많이 있습니다. 다만 밀레니엄세대가 가진 새롭고 글로벌한 감각으로 역사화해 문제를 고민해주었으면 하는 기대를 가지고 있고, 여러분들이라면 분명 역사화해를 위해서 긍정적인 에너지를 발휘해 주실 것이라고 믿습니다.

여러분들 중에는 지금 대화를 해보려고 해도 현재의 일본이 '반한(反韓)', '혐한(嫌韓)' 정서로 뒤덮여있어서 대화할 여지조차 없지 않나 하는 불안감을 느끼는

분들도 계실지 모르겠습니다. 일본에서 '반한', '혐한'을 주제로한 책들이 마구 출판되고 있는 것은 유감스럽게도 사실입니다. 저들은 '팔리기 때문에' 그런 책들을 계속 출판하고 있는 것입니다. 이른바 '보수(保守) 비즈니스'인 것입니다. 이것은 이것대로 매우 골치아픈 문제입니다만, 부디 여러분들께서는 비즈니스로 이용되는 '반한', '혐한'의 목소리가 일본 전체의 목소리는 아니라는 사실을 이해해 주시고, 대화의 가능성을 포기해버리지는 않으셨으면 좋겠습니다. 또 일전에 아베 수상은 고노담화(河野談話)를 재검토 하겠다는 언급을 한 적도 있습니다만, 그 후 많은 비판을 받고 입장을 수정했습니다. 게다가 수상 한 사람의 역사관이 일본 전체의 역사관을 대표하는 것은 아닙니다. 일본에도 다양한 논쟁이 있습니다만, 국민 대다수는 고노담화나 아시아여성기금의 유산에 대해서는 확실히 계승해 나가야 한다는 입장입니다.

다음으로 역사가의 역할에 대해서 말씀드리겠습니다. '위안부' 제도의 실태가 어떠한 것이었는지를 실증적으로 해명하는 일은, 한국과 일본 양국의 역사인식을 둘러싼 논쟁을 흑백논리로 귀결시켜서 결국 한국의 주장은 틀렸다거나 일본의 주장이 맞는다는 식의 정치적 주장을 합리화하려는 목적과는 관계 없이, 역사적 사실을 추구하는 그 자체가 가치있는 일이라고 생각합니다. 하지만 동시에 '진실'이 명백하게 밝혀지면 자연스럽게 역사화해도 이루어질 것인가 하면, 그것은 그리 단순한 문제가 아니라고 생각합니다.

마지막으로 아시아여성기금에 관해서 말씀을 드리고 싶습니다. 이 자리에 함께 계신 아사노(浅野) 선생님이야말로 전문가이시지만, 아시아여성기금에 대해서는 한국과 일본 양쪽에서 다양한 평가가 있습니다. 이 시도가 완벽한 것이었다고는 할 수 없습니다. 문제점이나 한계도 많았습니다. 그러나 제가 제안하고 싶은 것은 것은 아시아여성기금이라는 하나의 시도를 글로벌한 문맥 속에 두고서 이해해보자는 것입니다. 오늘 말씀드린 것처럼 전쟁 중에 발생한 성범죄나 강간이 '인도에 반한 죄'라는 중대한 전쟁범죄로서 인식되기 시작한 것은 1990년대에 들어선 이후의 일입니다. 아시아여성기금을 이러한 글로벌한 인식의 변화라는 문맥 속에 놓고서 바라본다면 한국과 일본은 과거에 일어난 성폭력에 대한 사죄나 보상에 있어서 매우 새로운 시도를, 다른 나라들보다도 앞서서 해왔다고 평가할 수도 있다고 생각합니다. 이것은 자랑스러워할

만한 일입니다. 그러므로 현재 아시아여성기금을 둘러싸고 다양한 의견의 대립이 있습니다만, 아시아여성기금의 역사는 한일 역사화해의 중요한 유산으로서 제대로 계승해 나가야 한다고 생각합니다. 화해는 '프로세스'이고, 역사화해를 향한 한일 양국의 여러 가지 노력은 실패한 경우나 교착상태에 빠졌던 경험까지도 전부 포함하여 확실히 계승해 나가는 것이 중요합니다. 이에 대해서는 우리 역사가들도 커다란 책임을 짊어지고 있습니다.

남기정: 수고하셨습니다. 이로써 강연과 질의응답을 모두 마치도록 하겠습니다만, 토론자인 이민정 씨가 제기한 4가지 문제는 한일 양국의 연구자들이 깊이 고민하지 않으면 안되는 문제라고 생각합니다. 이러한 문제의식을 더욱 심화시킨 다음에 여러분들과 재회하게 될 날을 기대하며, 오늘의 세미나를 마치도록 하겠습니다. 마지막까지 함께해 주신 여러분께 감사의 말씀 드립니다.

서울대학교 일본연구소
Reading Japan 26

講演録

- 歴史和解に向けて、政府の行動は大事です。しかし、私たち「市民」も和解の大事なアクターです。日韓両政府が歴史問題の解決に向けて、必ずしもうまい行動をとってきたとはいえないかもしれません。私たちはそのような政府を批判するだけで、実際的な努力については、政府任せになってたのではないでしょうか。和解への道を、政府のみならず、様々な市民社会のアクターの様々な活動でつないでいく―このような多層的な和解のイメージを持つことが大事ではないかと考えています。

講演録

「戦争を知らない世代」はどう戦争を記憶すべきか
(Toward Trans-generational Understanding of History)

三牧聖子

　こんにちは。三牧聖子と申します。今日、基調講演を務めさせていただきます。今日は新学期が始まって非常にお忙しい中、お集まっていただき、本当にありがとうございます。先ほど南先生からも説明がありましたように、私達の研究グループは、歴史和解について様々な議論を重ね、建設的な議論の場を求めてきました。私たちは、今日ご参加のみなさんより年代は上ですが、歴史問題、特に対立だけでなく和解について、みなさんのような若い世代の方々とぜひお話ししたいと思っておりました。南先生のご協力で、本日、その願いがかなったことを大変嬉しく思っ

ています。私の報告は30分以内にまとめたいと思います。今日はぜひ対話集会ということで、疑問でも何でも、聴衆のみなさんから、ぜひ様々な声をお聞きかせいただきたいと思っています。

まず、私の報告のタイトル"Toward Trans-generational Understanding of History"について説明させていただきます。私を含め、ここに参加されているみなさんは、直接には戦争を知らない、体験したわけではない、そのような意味で「戦争を知らない世代」です。では「戦争を知らない」世代である私たちは、どのように戦争を記憶し、語っていくべきでしょうか。「戦争を知らない」日韓の世代が、数十年前以上の戦争をめぐって対立し、関係を悪化させている現在、私達はどうやって、両国市民、特に若者の間に共通の認識をつくっていけるのかを今日お話ししたいと思いまして、この講演をさせていただくことにいたしました。

今日、日本の若者達、特に十代の若者の間で韓国ブームが起きています。たとえば、韓国のアイドルグループのTWICE。中学生くらいの女の子の間で、彼女たちがやるT文字二文字(T,T)のジェスチャーが流行っているそうで、この年末、日本の国民的な歌謡番組である紅白歌合戦にも出演しました。雑誌を見ても、十代の女の子の間で、韓国

風が「カワイイ」、オルチャン(얼짱)になりたいという特集が組まれて、韓国の女の子になるためのメークやファッションが研究されたりしているんですね。今回ここへ来るときの飛行機で周りを見ても、中学生だけじゃなく、高校、大学生の日本人女性が沢山乗っていまして、みんなオルチャン(얼짱)っぽいファッションをしていましたね。

　日本に来る外国人を国別に記したこのグラフを見てください(図1)。グレーが韓国を示しています。一番最近の2017年の数字で、日本に来る外国人の中で、中国に次ぐ割合です。その上のグラフは、前年に対してどれだけ増えたのかのグラフです。これも韓国の伸びが非常に著しく、前年比で40%も増加しています。韓国からの来日者の年齢層は様々ですが、やはり若い世代の交流が活発化しています。

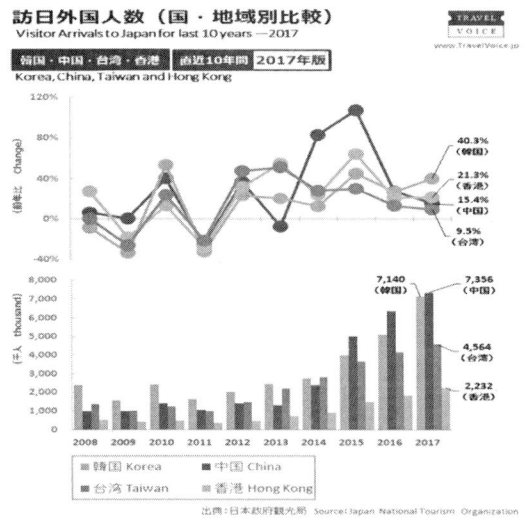

[図1 訪日外国人数(国・地域別比数), 出典：日本政府観光局]

　他方、実際に人々がお互いの国を行き来し、文化交流は進んでいるのに、ひとたび政治的な問題、特に、領土問題や歴史問題となると、両国の間にはとたんに悪い空気が支配的になる。物理的な相互依存は進んでいるけれども、感情面での宥和は進まない。このような状況を国際関係論では「アジアパラドックス」と呼びますが、この状況をどう解決していけるのかについて、今日は考えていきたいと思います。

　慰安婦問題が浮上したきっかけは、1991年に元慰安婦

だったということを初めてカミングアウトした金學順さんです。今から大体20数年前の出来事ですね。この告白が、1993年の河野洋平内閣官房長官(当時)の慰安婦問題に関する談話、いわゆる河野談話へとつながっていきます。その内容は、戦前日本において、長期にわたって広範な地域に慰安所が設置されたこと、数多くの慰安婦が存在したこと、慰安所の設置、管理や慰安婦の移送に日本軍が直接あるいは間接に関与したという事実を認め、慰安婦とされたすべての方に対し、日本の政府として心からのお詫びと反省を申しあげるというものでした。

　さらに戦後50年の節目にあたる1995年、村山富市首相(当時)が談話を出しました。この村山談話の内容の重要なところを抜粋します。「わが国は、遠くない過去の一時期、国策を誤り、戦争への道を歩んで国民を存亡の危機に陥れ、植民地支配と侵略によって、多くの国々、とりわけアジア諸国の人々に対して多大の損害と苦痛を与えました。私は、未来に誤ち無からしめんとするが故に、疑うべくもないこの歴史の事実を謙虚に受け止め、ここにあらためて痛切な反省の意を表し、心からのお詫びの気持ちを表明いたします。また、この歴史がもたらした内外すべての犠牲者に深い哀悼の念を捧げます」。

こうした認識に基づいて、実際にどのような政策が取られたのかということになりますと、元慰安婦の方々への補償のためにアジア女性基金が創設され、2007年まで活動を続けることになります。本日この席にいらっしゃる浅野豊美先生は、その創設から関わってこられた方です。アジア女性基金は、日本国政府からの出資金と民間からの募金で運営されていました。民間の募金から、それなりにお金が集まると見込めた事実に、今では失われてしまいましたが、当時の日本に確かに存在した和解への気運をうかがい知ることができます。総理の謝罪の手紙とともに、フィリピン、韓国、台湾の元慰安婦に一人200万の償い金を支給し、それと医療、福祉の事業を実施する。東南アジア地域に関しては別の事業が実施されました。詳しくは基金のホームページに行っていただくと様々な情報が得られます。こちらのホームページは活動終了後も残る、貴重な記録です。

　しかし2000年代、領土問題などが持ち上がり、日韓の関係悪化の中で再び歴史問題が浮上します。今日、日韓の間の大きな懸案事項となっているのは、慰安婦像をめぐる問題です。2011年には、ソウルに慰安婦像が建てられました。この問題は、2015年12月末、日韓政府の間で慰安婦合

意という形で解決がはかられました。その合意内容については、皆さんもよくご存知だと思いますが、少し確認させていただきます。日本は過去の一連の謝罪を踏まえた上で、改めて心からのお詫びと反省を表明する。韓国政府が元慰安婦の支援を目的とする財団を設立し、資金に関しては日本政府が出資する。その上で日韓両政府が協力し、すべての元慰安婦の名誉と尊厳の回復、心の傷の癒しのための事業を行う。これらの事業が着実に実施されることを前提に、両政府は問題の「最終的かつ不可逆的な解決」を確認し、国連などの国際的な場でこの問題について批判の応酬をすることを控える。韓国政府はこの合意をもって、在韓国日本大使館前に設置された慰安婦像に関する日本の懸念を理解し、関連団体との協議を行うなどして、適切な解決に向けて努力する。本日はこの慰安婦像に関し、皆さんと考えたいと思いましたので、こちらの合意内容を確認しました。

　合意に盛り込まれた「最終的かつ不可逆的」という言葉が非常に強い言葉で、日韓の間で争点の一つになっています。一つ確認しておきたいことは、「最終的且つ不可逆的な解決」は、一連の事業が着実に実施されることを前提に約束されたわけであり、逆に言えば、着実に実施されない

のであれば、様々な議論が必要となるということです。合意後、2016年に釜山に新たな慰安婦像が設置されたこともあり、慰安婦像をめぐる論争は今日まで続き、なかなか打開の糸口が見いだせていません。

　文在寅大統領は2015年の慰安婦合意について、手続き的・内容的に重大な欠陥がある、被害者や国民を排除した政府間の合意によっては問題は解決されないという立場を表明しています。そして財団を通じ、元慰安婦に対して支給された拠出金については韓国政府の基金に置き換えていくという方針を表明しています。

　このような文大統領の方針に対しては日本では反発が強まっております。日本政府は、政権が交代したからといって、前政権で成立した国際的な合意を反故にするのは国際常識に反する、国家間の合意は守られねばならないと主張しています。もっとも日本でも、このような政府の立場にすべての国民が賛同しているわけではなく、様々な意見があります。その点は強調させていただきたいと思います。

　慰安婦問題を、日韓の「国家間の問題」としてだけみてしまうとなかなかお互い折り合いがつかないかもしれません。ですので、慰安婦問題をより広い文脈に位置づけ、

日韓の両国民が共有できる合意はないか、それを考えてみたいと思います。チョン・ヒョンベク(정현백)女性家族相、日本軍慰安婦博物館の設立構想の中心的な人物ですが、彼女は、いわゆる慰安婦問題は日韓の二国間の外交問題ではなく、国際的な、普遍的な問題だと強調しています。そのような普遍的な問題をきちんと記憶するために博物館を造る必要があるということですね。私も、慰安婦問題は単なる外交問題ではなく、普遍的なインプリケーションを持つ問題であるという視座はとても大事だと思います。

　先にご紹介した通り、1991年に初めて韓国で元慰安婦がカミングアウトしましたが、1990年代をより世界的な文脈に位置付けると、戦場における性犯罪や性的暴力に対する国際社会の認識に大きな変化がみられた時期なんですね。ちょうどその時期に韓国は民主化を成し遂げ、今まで沈黙を迫られて来た戦争被害者が声をあげ始めた。このような1990年代の世界史的な意味合いは、注目すべきことだと思います。

　なぜ1990年代に認識の変化が起こったのか。この時期、旧ユーゴで大規模な紛争が起こり、そこで非常に大規模な性的な暴力を振るわれました。その後1993年にウィー

ンで世界人権会議が開催され、旧ユーゴ国際刑事裁判所、100万人の虐殺と大規模な性暴力が振るわれたルワンダ紛争の罪を裁くルワンダ国際刑事裁判所、さらに常設の国際刑事裁判所(ICJ)などが次々と設立されました。こうした過程で、戦場における性犯罪やレイプが戦争犯罪と位置付けられ、いわゆる「人類に対する罪(crime against humanity)」であるという認識が確立していきました。国連人権委員会などで、慰安婦問題が人権問題と位置付けられていった背景には、このような1990年代における性暴力に対する国際社会の認識の変化があったことも押さえておくべきかと思います。

　慰安婦像も世界の様々なところでつくられています。米国だとカリフォルニア州、ニュージャージ州やバージニア州、ミシガン州に建てられています。そして2017年11月、サンフランシスコ市が、市民団体による慰安婦像設置を認可し、大きな論争を巻き起こしました。アメリカ以外のカナダ、オーストラリア、中国、フィリピンにも設置されています。そして、2017年にヨーロッパでは初めての慰安婦像が、ドイツのバイエルン州ウィーゼントに設置されました。さらに2016年の5月、韓国、中国など8ヵ国の市民団体が共同で、ユネスコの記憶遺産に慰安

婦関連資料を申請しました。このような世界各地における慰安婦像設置の動きやユネスコにおける動向をみても、慰安婦問題はどんどん、世界化・普遍化しているといえます。

　いくつか慰安婦像の写真を持ってきました。サンフランシスコ市に設置された3人の女性の像は、それぞれ中国、韓国、フィリピンの慰安婦を表しているとされています。こちらは、フィリピンのマニラの慰安婦像です。これはベトナムのダナンにある美術館に送られた有名なベトナムピエタ(Vietnam pieta)です。このベトナムピエタは、1991年にソウルに設置された慰安婦像を製作した芸術家夫妻(김서경, 김운성)によって、ベトナム戦争における虐殺や性暴力の被害者を追悼するためにつくられました。そしてそれを、市民団体の韓国・ベトナム平和団体(Korea-Vietnam Peace Foundation)が支援しました。昨年、済州島にもベトナムピエタが設置されました。今後も増えて行くかもしれません。

　このベトナムピエタの動きは興味深いものです。韓国は、日本との関係においては戦争による被害を受けた側ですが、ベトナムとの関係では加害側であるわけです。同じ製作者によってつくられた慰安婦像とベトナムピエタ、

この両方をみると、1つの国の歴史には被害と加害の両面があるということを感じ取っていただけるのではないかと思います。そして韓国の中に、こうして自国の「加害」の側面に真摯に向き合う動きがあることにも、改めて注意を向けておきたいです。

このような視点を提起するのは、みなさんのように将来を担う若い世代の人達は、自国と過去の戦争との関わりについて、また新しい、より重層的な認識を持つべきではないか、そのことによってこそ、膠着状況にある日韓の歴史認識の対立を、少しずつでも乗り越えていけるのではないかと考えるからです。

この点について示唆的な視点を提起しているのが、ジョンズ・ホプキンズ大学のLily Gardner Feldman先生です。Lily先生は戦後ドイツの和解政策に関して包括的な研究をされている方で、私もアメリカで研究していた時、歴史和解について様々なことを教わりました。Lily先生の著作Germany's Foreign Policy of Reconciliation: From Enmity to Amity(2012)は、ドイツと旧敵国の和解過程を包括的に明らかにした著作ですが、"Victims need to be open to reconciliation, and even can take the initiative in order to push forward reconciliation"と、歴史和解において、戦争や暴力

の犠牲者からのイニシアチブがしばしば決定的に重要であったと強調されています。

　一例を挙げれば、ドイツとポーランド間の和解過程においては、政府間のイニシアチブに先立って、ポーランドの教会がドイツに対して赦しを与え、それにドイツの教会が応じたということがありました。すなわち、まず犠牲国、特にその市民団体がイニシアチブをとり、それに市民団体が応えたわけです。そして、そのような市民の試みが共感的なメディアによって取り上げられ、国民間に周知されたことが、ドイツとポーランドの和解において非常に重要だったとされています。

　現在のアジアでも犠牲者による様々な和解への働きかけがあります。一例をあげますと2015年5月、ベトナム戦争への韓国軍派兵から50周年に、ナヌムの家(나눔의 집)に住む元日本軍慰安婦がベトナム戦争の虐殺生存者と面会をしました。この慰安婦の方は、次のように語っています。韓国軍がベトナムで行ったことについて彼らの代わりに謝罪したい、戦争犠牲者の悲しみや苦しみを真に理解できるのは犠牲者である私達だ。ある戦争における「被害者」が、自国が加害者として関わった戦争の「被害者」と交流し、そこに、「被害者」間の共感、そして連帯が生み出されていく

わけです。このような「犠牲者」同士のネットワーク、「犠牲者」のイニシアチブという視点は、私たちが歴史和解について考える上でとても大事だと思います。

　もっとも一つの戦争に関しても様々な記憶があります。ベトナム戦争の被害者に会いに行き、謝罪するといった企画に対しては、韓国内からも反対の声があがっています。ベトナム戦争の退役軍人たちの中には、エージェントオレンジという、アメリカ軍が戦争中に大量に撒いた枯れ葉剤の影響で後遺症を抱えるようになった人もいます。このような経験から、退役軍人たちは自分たちも戦争の「被害者」だと主張し、もっぱら「加害者」としてベトナム人に謝罪するというのは納得できないとして、反対のデモなどもしています。

　少し視点を変えましょう。私達はついつい、「日韓」歴史問題、「日中韓」歴史問題といったように、「国家間」の問題として歴史問題を語ってしまいがちです。しかし、暴力は、日本が中国を侵略し、朝鮮を植民地化するという形で、国家間で行使されるものばかりではありません。政府権力によって市民に対して、国内で行使される暴力も無数にあります。私達は国家間か国内かを問わず、すべての暴力に対してきちんと批判の目を向け、記憶してきたでしょ

うか。国内の暴力については、他国であれ自国であれ、目をつぶったり、きちんと記憶してこなかったこともあったのではないでしょうか。

　私は日本人ですので、日本の戦争についてはよく知っていますし、そこで失われた日本人の命についてはよく知る機会があります。しかし、日本という国境を越えて、世界のあらゆる犠牲者についてきちんと知り、その意味を考えてきたかとなると、正直なところ、そうとはいえません。ナショナリズムというのはなかなか難しい問題で、たやすく克服することはできません。しかし、一歩ずつでも、国境に囚われたナショナルな記憶から、国境を越えたコスモポリタンな記憶へと進んでいけないだろうか。

　20世紀には、皆さんもご存知の通り、多くの戦争が戦われました。戦争の記憶、犠牲者の追悼というものは、まずは国家によって行われるので、国家間戦争における自国の犠牲者は毎年追悼され、記憶されてきました。これに対して、国家の暴力による自国市民の犠牲者、あるいは自国民による自国民に対する暴力の犠牲者、こうした人々のことを私たちは十分に記憶し、追悼してきたのかとなると、疑問符がつきます。中国を例に挙げれば、文化大革命や天

安門事件の犠牲者は、きちんと追悼されるどころか、どれだけの犠牲者が生まれたかすら十分に論じられてきたとはいえない現状があります。日本も同様の問題を抱えています。第2次世界大戦の末期、地上戦が行われた沖縄では20万近くの犠牲者－その多くが市民の犠牲者であったわけですが－が生まれました。絶望的な戦況の中で、集団的な自決という悲劇も生まれました。この集団的な自決に軍がどのように関与していたのか。軍による強制があったのか。沖縄の人々はこの問題がきちんと教科書に書き込まれ、記憶されることを切り求めています。日本は国家として、アジア諸国と歴史認識問題を抱えていますが、沖縄のように、国内においても歴史認識問題を抱えているわけです。

　現在に至るまで沖縄は、米軍基地がある関係で様々な抑圧を受けてきました。しかし残念ながら、沖縄と政府、沖縄と本土の人たちとの間の対立は解決されるどころか、深まっているのが現状です。沖縄は今、日本の外に目を向けて、国際的な訴えを強めています。翁長雄志沖縄県知事はジュネーブの国連人権委員会で演説し、日本で沖縄の人々の自己決定権がないがしろにされている現状を世界の人々に知ってほしいと訴えました。本日は慰安婦問題の世界化について見てきましたが、沖縄の問題も、沖縄の人々

の努力を通じて、世界的な問題であるという認識が形成されてきているといえるでしょう。

　まとめに入っていきたいと思います。残念ながら21世紀の世界においても、過去の戦争の記憶のあり方をめぐり、様々な議論が起こっています。私達はどのような歴史和解を追求していくべきか。ここで私は、グローバルな正義という視点の重要性を強調したいと思います。ナショナリズムを完全に克服することは難しいかもしれない。そのことを踏まえた上で、やはりグローバルなリドレス(Global　Redress)へと目を向けていくべきだと思います。世界の様々な地域でいま、戦争被害者やその支持者が、正義の回復を求めて、犠牲者を記憶し、追悼するための像を建てたり、忘れられてきた犠牲者の存在に注意を促したり、補償を求めたり、様々な行動を起こしています。そして、今日では、このような犠牲者の声は、ソーシャルネットワークなどに乗って世界に拡散しています。もちろんソーシャルネットワークは、よい面ばかりではありません。しかし、人々の間に共感を生み出し、グローバルなリドレスのネットワークを形成していくために活用されうる。私はそのような期待を持っています。

　最後に、みなさんのように、これからの将来の担う

若い方々が歴史和解においてどのような役割を果たせるか、私として期待しているところも述べて、報告を締めくくりたいと思います。日韓歴史問題には、みなさんいろいろなイメージや意見を持っていると思いますが、そこで私たちがまず想起するのは「政府」の言動やイニシアチブだと思います。もちろん歴史和解に向けて、政府の行動は大事です。しかし、私たち「市民」も和解の大事なアクターです。日韓両政府が歴史問題の解決に向けて、必ずしもうまい行動をとってきたとはいえないかもしれません。私たちはそのような政府を批判するだけで、実際的な努力については、政府任せになってたのではないでしょうか。和解への道を、政府のみならず、様々な市民社会のアクターの様々な活動でつないでいく－このような多層的な和解のイメージを持つことが大事ではないかと考えています。

　今日の報告ではドイツのケースをご紹介しましたが、最後にこちらのフランス首相シャルル・ド・ゴールを紹介したいと思います。独仏和解を象徴する条約となった1963年のエリゼ条約の締結に先立ち、ド・ゴールはドイツのルートヴィヒスブルクでドイツの若者達に対して演説することを選びました。ド・ゴールが、和解に向けて、これからの世代を担う若者たちの果たす役割、その重要性

を認識していたことを象徴するエピソードです。確かに若者たちは、戦争に直接関わった存在ではなく、その意味で「戦争を知らない」人々です。しかし、未来を担うきわめて重要な存在であるわけです。

　私の報告のタイトル"Toward Trans-generational Understanding of History"に立ち戻って、報告を終わりたいと思います。今日の報告でも、歴史問題を論ずる際に、「日本が」とか「韓国が」という言い方をしてしまいました。もちろん国家の視点を無視することはできません。しかし、今のこの空間を共有している私達、「世代」を共有する日韓の若者たちで、歴史和解に向けて新しい展開をもたらしていけないでしょうか。もし私の世代でそれが実現されなくとも、ぜひ皆さんの世代で成し遂げていただきたいと強く願っています。

　今まで日韓歴史問題は主として、「国家」同士の、そして残念ながら、「戦い」として展開されてきました。メディアも、日韓関係にはそれ以外の側面がたくさんあるのに、敵対的なところにフォーカスしてきたのではないかと思います。今すぐというのは難しいかも知れません。しかし、同じ世代に生まれ、そして日韓関係の改善を願う私たちのイニシアチブで、自国に振るわれた暴力だけではな

く、自国が振るった暴力を含め、過去のあらゆる暴力の被害と加害を記憶し、グローバルなリドレスを目指す、そのような目的に向けた協力をつくりだしていくことはできないでしょうか。このような未来志向な課題として歴史和解を捉えた場合、「戦争を知らない」みなさんこそが、中心的な役割を担うことになるのです。みなさんが歴史和解というものをどうイメージして、どのように追求していくかという問題は、日韓の歴史和解において非常に重要なのです。以上で私の報告は終わります。ぜひみなさんのご意見を聞かせていただければと思います。ご静聴ありがとうございました。

討論文

- もし私たちが忘れてしまったら、歴史が政治利用され、事実に基づかない主張をする人々が現れたとき、批判し、反論することができない。戦争から数十年経って、距離を保って冷静に当時の出来事について論じられるというところもある。みなさんの新しいグローバルな感覚で歴史和解を考えていってほしいと思いますし、みなさんがきっと、歴史和解に向けたポジティブな力を生み出していってくれると思っています。

討論文

ソウル大学校政治外交学科 修士課程 イ・ミンジョン: こんにちは。三牧先生の発表の討論をさせていただく、イ・ミンジョンと申します。どうぞよろしくお願いいたします。実は今度の講演会に参加することとなってから、私はここでどんな話ができるか、すごく悩みました。けれど、今回の講演のタイトルにも表れているように対話という側面に注目してみようと思いました。また、対話とは、とにかく心を開いた率直なものが一番だ、という考えをもって準備しようとしました。

三牧先生は今度の発表で、慰安婦問題の事例を通じて、歴史問題での和解プロセスに、市民社会、あるいは市民が、国、あるいは政府と一緒に、もう一つの役割と責任を持っていることを明らかに

した後、国の記憶とは違う市民社会の証言に注目することによって、被害者が進める和解の可能性を提示してくださいました。

三牧先生の発表を聞いて、また発表文を読んでから、私はまず嬉しく、また、楽しかったです。眼の前にある課題で心は重くなりましたが、頭は冴えるような感じでした。

日韓の歴史問題のように、解決の道は遠く、暗くて痛い思いで詰まっている分野に関心を持って勉強していると、その過程で出会う一人一人がなぜか仲間のように思われます。だから、まず、皆さんにお会いできて、本当にうれしく思います。討論としては、ここからが本題になると思いますが、まず三牧先生の発表の中で、私が共感し、また同意した二点から、述べてみようと思います。そして、そこからつながる質問をしてみようと思います。

最初は、和解は多層的だ、というところです。多層的とは、和解を進める主体は一つのレベルのものではないという意味で、もっと大きくいえば、和解そのものが、いろんなレベルで行われ、また存在するべきだ、という意味です。私はこれに同意しま

す。historical narrativeの意味としての歴史の語り方、そして、戦争の覚え方、commemorationというものが、もはや、国のレベルだけではなく、市民のレベルでも活発に行われ、相互影響を与えながら、共同の作業として行われるているからです。

しかし、市民のレベルでの覚え方、あるいは、語り方というものが、どういう形をとっていて、どの条件が満たされたときに形成されるのかは、まだまだ明確ではないと思います。これに加えて、証言と経験に基づき語られる市民社会の歴史が、物的証拠がないから確認できないという立場の政府とどう合わせていけるのか、難しい問題だと思いました。

二つ目は、和解とは相互が必要な過程で、和解において犠牲者側のイニシアチブは可能だ、というところです。個人的にこれには大きく共感しました。たとえば、私が親切として行った行動も相手がそれを望まなかった場合、それは親切ではなくなります。同じ原理が、和解の過程でも、はたらくと思います。ただ、実際に犠牲者のイニシアチブが可能となるには、もっと、いろいろな条件が先に整う必要があると思います。たとえば、協力的な

メディアとか、パブリックな議論の場とかがそれです。ここからは、質問となります。私もまだ、答えられない質問の方が多いですが、これから一緒に考えられればいいと思います。

一つは、和解を進めるのは誰の責任なのか、という質問です。この質問は、発表では、政府ではなく市民社会でも和解を進めることができて、加害者ではなく被害者もイニシアチブを持てるという答えを出すために提示した質問であったと理解しています。しかし、この質問はもっと大きな問いを提示していると思います。なぜなら、和解の対象が「誰」であるのか、その責任とは何か、私たちはまだ正確な答えを見つけていないかもしれないからです。慰安婦問題は、大半が朝鮮および台湾という日本帝国の植民地から主に貧しい女性たちが連れていかれて、生きて戻ってきた女性たちも、また、沈黙を強要された植民地と帝国、女性と男性、貧富の階級の問題であります。何より、国が動員し、その被害を知りながら沈黙した国家犯罪でもあります。このように「誰」を加害者と被害者にするかによって、和解の対象は変わることとなります。私たち

はまだこの質問の深さにも複雑さにも十分に向き合っていないのかもしれません。

二つ目は、この過程の中、戦争を知らない世代の役割に関する質問です。これからのage of redressの実現に次の世代が重要であることは、分かりますが、三牧先生がこの世代に注目する理由が「戦争を知らない」からなのか、「次の世代」からなのかよく理解できませんでした。もう少し、詳しく、ご意見をうかがいたいと思います。

それにつながる質問ですが、私は逆に、世代ごとに戦争に関する経験に差があることが、歴史問題に対する国内の葛藤を深める要因ではないか、と思ったことがあります。歴史問題だけではなく、いろいろな社会問題に対する世代間の葛藤は深刻なレベルです。どうすれば「戦争を知らない」世代が肯定的な効果を発揮できるでしょうか。そして、数日前、偶然なんですが、友達と集まって私たちの世代の義務に関して話したことがあります。私たちは確かに以前の世代とは、また違う義務を持っていると思います。同時にこういう考え方が同じ世代の中で共有されていない、というところと、そもそも共

有するためのしかけがあまりないという意見もあります。実際、若者たちの間では、このようなまじめな話をすると「真剣虫」と言われて、韓国語ではジンジチュン(진지충)と言いますが、何事も深刻に受け入れて人生を楽しめない人だってからかわれたりします。これもまた「戦争を知らない」世代の特徴の一つではないのかと思います。

三つ目は、三牧先生の見方から、1995年の「アジア女性基金」をどう評価すべきか、お聞きしたいと思いました。個人の意見では「アジア女性基金」の一番の問題点は、その形より、「基金」に込められた「解決」の意味、その考え方にあったのではないかと思います。補償の責任は政府のみにあるものではないので、民間基金と政府資金が合わされた形で「基金」が構成されたのは意味を持つと思います。

しかし、「基金」を通じて成し遂げようとした「解決」は、加害者が被害者に果たすべき義務を果たし、これにより「解放」される、というものではなかったでしょうか。つまり「慰安婦」問題を、なくすべき「問題」、problemとしてみたのが問題だったと思います。「慰安婦」問題は戦争中に行われた重大な人権

侵害の問題として、忘れてはいけない歴史の一つとなりました。だからこれを解決して、その存在をなくすべきproblemではなく、考えて、話して、覚え続けなければならないquestionとしての問題であることを認識する必要があったのではないでしょうか。そして、同時に、被害者側で準備していた和解とは何だったのか、それは三牧先生の発表の中にあった赦しに基づいた和解だったのか、今、犠牲者の方々は相手を赦す準備ができているのか、一緒に考えてみる必要があると思いました。

最後にage of historical justiceという国際規範の変化は、具体的に国内政治と社会に、どこまでの変化を起こすと思いますか、という質問です。個人的な興味分野なので、この質問も混ぜてみました。長くなりました。お聞きしてくださって、ありがとうございました。

ソウル大学校日本研究所教授 南基正: もう残り時間が短くなり、4つもお答えするのは難しいと思うので、三牧先生には簡単に総括してまとめていただきたいと思います。

三牧聖子: まさにこのような相互対話の場で論ずべき、根本的な問題を提起していただき、むしろ私が答えるより、みなさんの意見をお聞きしたいところですが、簡潔にお答えしたいと思います。

まず市民の役割についてです。本日のお話では、「政府」対「市民」という構図を前提に、市民への希望を述べました。しかし、市民が常に協調や和解を志向するわけではありません。最近、政治学の分野では「悪い市民社会(bad civil society)」という問題が提起されています。ソーシャルネットワークに正負両面があるように、市民の連帯もコスモポリタン、トランスナショナルな方向に発揮されることもあれば、排外的、ナショナリスティックな方向に向かうこともあるということです。残念ながら日本にも非常にアクティブに活動している排外主義団体があり、歴史修正主義的な認識を広めています。このような歴史修正主義的な動きに対しても、市民間のトランスナショナルな連帯によって対処していく必要があると思います。

次に若者の役割について、述べたいと思います。今日の話は、TWICEや文化交流の話から始めまし

た。正直、歴史問題などより、芸能や文化を論じていた方が楽しいという気持ちもわかりますし、慰安婦問題という困難な問題を、今日のように円満な雰囲気で語れる場はとても貴重ですが、なかなかそのような場はないですし、そうすると対話を試みるより、もう忘れてしまった方がいいと思ってしまうことも理解できます。しかし、もし私たちが忘れてしまったら、歴史が政治利用され、事実に基づかない主張をする人々が現れたとき、批判し、反論することができない。戦争から数十年経って、距離を保って冷静に当時の出来事について論じられるというところもある。やはり、忘れないこと、対話を重ねていくことが大事ではないかと思います。
私はアメリカ政治・外交を研究しているので、少しアメリカの例に言及させてください。いまアメリカでは、ミレニアム世代、ちょうどみなさんの世代がとても注目されています。確かにトランプ大統領は大統領選に勝利しました。しかし、ミレニアム世代はリベラルな価値観を持つ人が多く、彼らの投票行動だけみると、トランプ大統領は負けていたといわれています。みなさんは、当たり前のようにグ

ローバル化した世界に生まれて、「休みがあるからちょっと日本行ってみようかな、アメリカに行ってみようかな」といった風に、他国を身近に感じています。もちろん、単純にお年寄りは保守で、若者はリベラルだというわけではありません。逆のケースもたくさんあります。ただ、ミレニアル世代の、新しいグローバルな感覚で歴史和解を考えていってほしいと思いますし、みなさんがきっと、歴史和解に向けたポジティブな力を生み出していってくれると思っています。

みなさんの中には、対話といっても、日本はいま「反韓」「嫌韓」のムードに埋め尽くされ、対話の余地などないと不安に思う人もいるかもしれません。日本で「反韓」「嫌韓」をテーマとする本が出回っていることは残念ながら事実です。彼らは「売れる」からそういった本を出し続けるのです。いわば「保守ビジネス」ですね。これも厄介な問題なのですが、どうかみなさんには、ビジネスに結びついた「反韓」「嫌韓」の声が日本の声の全てではないということを理解していただき、対話の可能性を見限らないでほしいと思います。また、安倍首相はかつて河野

談話の見直しに言及したことがありましたが、その後批判を受けて、スタンスを訂正しましたし、首相の歴史観が日本の歴史観のすべてを代表しているわけではありません。日本にも様々な論争はありますが、国民の大多数は、河野談話やアジア女性基金の遺産に関してはきちんと継承していくという立場です。

歴史家の役割についてですが、慰安婦制度の実態がどういうものであったかを実証的に解明することは、単に韓国の主張は間違っている、日本の主張こそが正しいといったように、日韓の歴史認識論争に白黒つけるためという政治的な目的を離れて、それ自体、追求されるべき価値あることと考えます。他方、「真実」が明らかになれば、歴史和解がもたらされるかというと、それほど単純な話ではないと思います。

最後にアジア女性基金に関して述べたいと思います。ここにおられる浅野先生が専門家なのですが、アジア女性基金については、韓国、そして日本でも様々な評価があります。この試みが、完璧なものであったとは決していえません。問題や限界も

たくさんありました。しかし、私が提起したいのは、アジア女性基金の試みをグローバルな文脈に位置付け、理解するということです。本日お話ししたように、戦場における性犯罪やレイプが「人類に対する罪」として、戦争犯罪と位置付けられたのは、1990年代のことです。アジア女性基金を、このようなグローバルな認識の変化の文脈に位置付けてみると、日韓は、過去に起こった性暴力の謝罪や補償について、極めて新しい試みを、他国に先駆けてやってきたともいえると思うのです。それは誇らしいことです。ですので今、アジア女性基金をめぐっては様々な意見対立がありますが、基金の歴史は、日韓歴史和解の重要な遺産として、きちんと受け継いでいくべきだと考えます。和解は「プロセス」であり、歴史和解に向けた日韓の様々な努力を、失敗や膠着も含め、きちんと語り継いでいくことが大事です。私たち歴史家にも大きな責任があります。

司会者: お疲れ様でした。講演および質疑応答はここで終わりますけれども、討論者のイ・ミンジョンさんが提起した4つの問題はこれからも韓日両国の研究者

たちが深く考えていかなければならない問題だと思います。そして、これらの問題意識を深めて、また会える日が来ることを願いつつ、今日のセミナーを終了させていただきます。皆さん、最後までありがとうございました。

저 자 | 미마키 세이코(三牧聖子)

도쿄대학 교양학부를 졸업. 동(同) 대학원 총합문화연구과에서 박사학위를 취득하였으며, 현재 다카사키경제대학(高崎経済大学)의 경제학부・국제학과 준교수로 재직 중이다. 전문 분야는 현대국제정치로, 특히 국제관계에서의 평화와 윤리 문제 등을 집중적으로 다루고 있다. 주요 저서로는 미국의 '전쟁 위법화' 사상의 발생과 전개 과정을 면밀하게 분석한 『戦争違法化運動の時代―「危機の20年」のアメリカ国際関係思想』(名古屋大学 出版会, 2014)이 있다.

역 자 | 김 민(金 旻)

서울대학교 동양사학과 박사과정(일본근현대사 전공)
　번역 : 리딩재팬22 『북한 리스크와 한일협력』(이주인 아쓰시 著, 2016), 리딩재팬25 『온고지신의 한일관계』(다니노 사쿠타로 강연, 김석우 토론, 2017)

○IJS 서울대학교 일본연구소
Reading Japan 26

'전쟁을 모르는 세대'는 어떻게 전쟁을 기억해야 하는가?

초판인쇄 2018년 08월 24일
초판발행 2018년 08월 30일

기　　획 서울대학교 일본연구소
저　　자 미마키 세이코(三牧聖子)
역　　자 김　민(金旻)
발 행 인 윤석현
책임편집 안지윤
발 행 처 제이앤씨
등　　록 제7-220호
주　　소 서울시 도봉구 우이천로 353 성주빌딩 3F
전　　화 (02)992-3253(대)
전　　송 (02)991-1285
전자우편 jncbook@daum.net
홈페이지 http://www.jncbms.co.kr

ⓒ 서울대학교 일본연구소, 2018. Printed in KOREA.

ISBN 979-11-5917-118-5 03910　　　　　　**정가** 9,000원

· 저자 및 출판사의 허락 없이 이 책의 일부 또는 전부를 무단복제·전재·발췌할 수 없습니다.
· 잘못된 책은 바꿔 드립니다.